Farina Fischer

Friedrich Fröbels Menschenbild und pädagogische Idee des Spiels

GRIN Verlag

Bibliografische Information der Deutschen Nationalbibliothek:

Die Deutsche Bibliothek verzeichnet diese Publikation in der Deutschen National-
bibliografie; detaillierte bibliografische Daten sind im Internet über http://dnb.d-
nb.de/ abrufbar.

Impressum:

Copyright © 2011 GRIN Verlag GmbH
Druck und Bindung: Books on Demand GmbH, Norderstedt Germany
ISBN: 978-3-656-40146-9

Dieses Buch bei GRIN:

http://www.grin.com/de/e-book/211990/friedrich-froebels-menschenbild-und-
paedagogische-idee-des-spiels

GRIN - Your knowledge has value

Der GRIN Verlag publiziert seit 1998 wissenschaftliche Arbeiten von Studenten, Hochschullehrern und anderen Akademikern als eBook und gedrucktes Buch. Die Verlagswebsite www.grin.com ist die ideale Plattform zur Veröffentlichung von Hausarbeiten, Abschlussarbeiten, wissenschaftlichen Aufsätzen, Dissertationen und Fachbüchern.

Inhaltverzeichnis

	Seite
1. Einleitung	II
2. Fröbels Leben	III
3. Fröbels Menschenbild	V
3.1 Fröbels Menschenbild des Kindes	VI
3.1.1 Das Säuglingsalter	VII
3.1.2 Das Kindesalter	VII
3.1.3 Das Knabenalter	VIII
4. Fröbels Spieltheorie	VIII
4.1 Die erste Gabe	IX
4.2 Die zweite Gabe	IX
4.3 Die dritte und vierte Gabe	X
4.4 Die fünfte und sechste Gabe	X
4.5 Weitere Spiele	XI
4.6 Mutter- und Koselieder	XI
5. Der Kindergarten	XII
6. Aktualität	XIV
7. Fazit	XV

1. Einleitung

Ich werde in dieser Arbeit das Lebenswerk Friedrich Fröbels wiedergeben und Teile seiner Texte, Methoden und Vorgehensweisen analysieren. Ich habe mich entschieden über Fröbel zu schreiben, da er nicht nur der eigentliche Urheber des Kindergartens, einer für die Gesellschaft unerlässliche Einrichtung, sondern da auch seine Praktiken dort von solch einer Qualität waren, dass sich seine Idee dieser Einrichtung schnell verbreitete und sich in der Gesellschaft etablierte, sodass sie heute ein essenzieller Bestandteil von Bildung und Erziehung ist.

Ich beginne diese Arbeit mir der Erläuterung der Motive Fröbels. Um seine Intention und seinen Ansporn nachvollziehen zu können, muss man seinen Lebensweg und ganz explizit seine Kindheit kennen. Aus diesem Grund befasse ich mich im ersten Kapitel ausgiebig mit dem Leben Fröbels, da dieses Wissen zum Verständnis seiner Praktiken erheblich beiträgt.

Im folgenden Teil werde ich das Menschenbild Fröbels, wie auch das, das er vom Kinde hatte, beschreiben, denn genau dieses Menschenbild war es, das Fröbel zur Gründung des Kindergartens bewegte, denn er hatte von diesem die Aufgabe abgeleitet den Menschen in den frühen Phasen seines Lebens angemessen zu erziehen und zu fördern. Diese Erkenntnis ist für das Verstehen seiner Verfahrensweise von fundamentaler Bedeutung, da ganz besonders seine Unterteilung der Kindheit in Phasen auch seine phasenspezifische Handlungsweise erklärt, daher werde ich auch diese ausreichend erläutern.

Im weiteren Verlauf meiner Arbeit durchleuchte ich den Prozess, beziehungsweise seine Methodik an sich, die sogenannte Spieltheorie Fröbels. Die Spieltheorie werde auf detaillierte Art und Weise analysieren und präzise in Prozessabschnitte gliedern, sodass die Absicht jeder einzelnen Handlung sichtbar und nachvollziehbar wird. Nach Beschreibung dieses Ablaufes stelle ich dann die Umweltbedingungen, unter denen dies zur Anwendung kommt, dar. Mit Umweltbedingungen meine ich nicht nur das Umfeld des Kindes, sondern auch das Verständnis, das Fröbel von einem Kindergarten hatte und seine Prämissen für die korrekte Anwendung der Spieltheorie. Abschließen werde ich diese Arbeit mit einem Aktualitätsbezug.

2. Fröbels Leben:

Friedrich Wilhelm August Fröbel wurde am 21. April 1782 als sechstes und jüngstes Kind eines Pfarrers in Oberweißbach geboren. Seine Mutter starb bei der Geburt, was zu einer freud- und lieblosen Erziehung Fröbels führte. Als er vier Jahre alt war, heiratete sein Vater eine neue Frau und bekam mit ihr weitere Kinder, was dazu führte, dass sich seine Stiefmutter immer mehr von ihm entfremdete, bis er sie letztlich nur noch mit der Höflichkeitsform „Sie" ansprechen durfte. Im Alter von zehn Jahren wurde Fröbel von seinem Onkel aus der Familie genommen und kam erstmalig in den Genuss väterlicher Zuneigung.[1]

Nach seiner Schullaufbahn begann er eine Lehre als Rentsekretär, woraufhin eine Försterausbildung folgte. Nach dem Tod seines Vaters, im Alter von dreiundzwanzig Jahren, entschied sich Friedrich Fröbel ein Baufach-Studium Frankfurt am Main anzufangen. Durch seinen Studienfreund, welcher Pestalozzi-Anhänger war, änderte Fröbel jedoch seine Meinung und wurde nach einer Bildungsreise, in die Wirkungsstätte Pestalozzis, die in der Schweiz lag, Erzieher und erhielt im direkten Anschluss eine Stelle als Lehrer an Gruners Musterschule in Frankfurt. Über Jahre hinweg studierte er zusätzlich Naturwissenschaften, wobei er sich auf Mineralogie und Kristallographie konzentrierte. Fröbel finanzierte sich sein Studium durch die Privatlehrertätigkeiten, der Erziehung und Bildung der drei Söhne des Barons Holzhausen.[2]

Ab dem Jahr 1814 Jahre arbeitete Fröbel für zwei Jahre in dem Mineralischen Institut in Berlin, in dem er auch seine zukünftige Frau kennen und lieben lernte. Kurze Zeit später nahm er die zwei Söhne seines verstorbenen Bruders in Obhut und adoptierte in den folgenden Jahren schließlich noch zwei weitere Kinder seines anderen Bruders. Infolgedessen eröffnete Fröbel im Alter von vierunddreißig erstmalig eine "Allgemeine Erziehungsanstalt", die er ab Sommer 1817 nach Keilhau verlegte. Die Erziehungsanstalt wurde mit sechs Mitgliedern eröffnet und steigerte sich bald auf sechzig Kinder, welche er liebevoll erzog. Im Fokus seiner Erziehung der Kinder stand eine handwerkliche Förderung in Verbindung mit der Natur, weshalb er die Kinder beispielsweise lehrte Zäune anzufertigen.[3]

---

[1] Vgl. Bollnow, Otto Friedrich: Die Pädagogik der deutschen Romantik, Stuttgart 1952, S. 107
[2] Vgl. ebd. S. 108
[3] Vgl. http://www.religio.de/froebel/biograf/frheinz.html

Im Jahr 1818 ging Fröbel eine kinderlose Ehe mit Wilhelmine Henriette Hoffmeister ein und widmete sich in den darauffolgenden Jahren seiner Hauptwerke „Grundzüge der Menschenerziehung", das 1826 anschließend veröffentlicht wurde.

1831 zog Fröbel mit seiner Frau, aufgrund von Demagogie-Vorwürfe innerhalb seiner Erziehungsanstalten in Keilhau, in die Schweiz, um dort eine Armenerziehungsanstalt zu eröffnen. Jedoch hatte er in der Schweiz keinen Erfolg mit der Anstalt und kehrte mit seiner erkrankten Frau nach Deutschland zurück, woraufhin sie kurze Zeit später in Bad Blankenburg starb.[4]

In seiner neuen Heimatstadt gründete Fröbel einen Spielkreis für Vorschulkinder und entwickelte dort erstmalig seine „Spielgaben", womit er obendrein durch seine Flecht- und Faltarbeiten und Arbeiten mit Naturmaterialien schnell einen hohen Bekanntheitsgrad erlangte. Nach diesen Erfolgen eröffnete Fröbel im Jahr 1840 den ersten „Allgemeinen deutschen Kindergarten" im Rathaussaal in Bad Blankenburg und entwickelte im Anschluss die Mutter- und Koselieder. Um sein Projekt „Kindergarten" zu perfektionieren, zog er 1850 in das kleine Schloss in Marienthal bei Bad Liebenstein, um dort Kindergärtnerinnen auszubilden, wo er unteranderem seine neue Frau, eine von ihm ausgebildete Kindergärtnerin, heiratete. Wegen des Verdachts auf demokratische Tendenzen wurde daraufhin unerwartet ein Verbot seiner Kindergartenpädagogik in sämtlichen Staaten ausgesprochen. Friedrich Fröbel starb am 21. Juni 1852 im Schloss Marienthal und erlebte es deshalb nicht mehr, dass dieses Verbot einige Jahre später aufgehoben wurde.[5]

---

[4] Vgl. Bollnow, Otto Friedrich: Die Pädagogik der deutschen Romantik, Stuttgart 1952 S. 109
[5] Vgl. ebd. S. 109/110

3. Fröbels Menschenbild:

Laut Fröbel sind alle Menschen Geschöpfe Gottes, weshalb alle seine Ansichten auf das Göttliche zurückzuführen sind. „§1 [...] Alles ist hervorgegangen aus dem Göttlichen, aus Gott, und durch das Göttliche, durch Gott einzig bedingt; in Gott ist der einzige Grund aller Dinge. In allem ruht, wirkt, herrscht Göttliches, Gott. Alle Dinge sind nur dadurch, daß Göttliches in ihnen wirkt. Das in jedem Ding wirkende Göttliche ist das Wesen jedes Dinges."[6] Der Überzeugung der Pädagogen Comenius, Rousseau bis hin zu Pestalozzi nachgehend, ist der Mensch von Natur aus gut. Auch Friedrich Fröbel geht von dieser These aus, welche sich aus seinem Menschen-, Welt und Gottesbild, beziehungsweise aus der Suche nach der Vereinigung der drei Hauptkräften Körper, Seele und Geist ergibt.

Die Bestimmung des Menschen ist nach Fröbel die Ausbildung dieser drei Kräfte zu einem Ganzen. Er bezeichnet dies als „Lebenseinigung" oder auch „sphärisches Gesetz", das sich verwirklicht, indem ein Ganzes in Form von Polaritäten aus sich heraustritt und entfaltet und in seine Einheit zurückkehrt und somit das Ziel des Lebensbewusstseins verfolgt. „§1 In allem ruht, wirkt und herrscht ein ewiges Gesetz; [...]"[7].

Dieses Gesetz kann ebenfalls auf die kindliche Entwicklung angewandt werden, denn Fröbel nimmt die Grundpolarität der kindlichen Entwicklung, das Verhältnis von *innen und außen* an. „§ 25 Innerliches äußerlich, Äußerliches innerlich zu machen, für beides die Einheit zu finden; dies ist die allgemeine äußere Form, in welcher sich die Bestimmung des Menschen ausspricht; [...]."[8] Die Sphäre (griechisch= Kugel, Ball)[9] stellt nach Fröbel eine Kugel dar und bezieht sich metaphorisch auf den Menschen. Der Kern dieser Kugel wird als „Inneres" bezeichnet, was die Seele, das Göttliche im Menschen widerspiegelt. Die Oberfläche hingegen wird als „Äußeres" bezeichnet, also das Erscheinungsbild des Menschen. Hieraus geht die sphärische Natur hervor, welche individuelle Anlagen beinhaltet und nach Gottes Bestimmung ausgebildet werden soll.[10] Dies bedeutet, dass beispielsweise Talente gefördert werden sollen, um dem Inneren eine äußere Gestalt zu geben, was zu einem gegebenenfalls geglückten Wechselspiel vom inneren und äußeren Verhältnis führt.

---

[6] Fröbel, Friedrich: Die Menschenerziehung, Stuttgart 1982, S.7
[7] Fröbel, Friedrich: Die Menschenerziehung, Stuttgart 1982, S.7
[8] Ebd. S.32
[9] http://www.wissen.de/wde/generator/wissen/ressorts/natur/weltraum/index,page=1245182.html
[10] Vgl.
http://books.google.de/books?hl=de&lr=&id=PeJaUz6gXTgC&oi=fnd&pg=PA2&dq=fr%C3%B6bel+sph%C3%A4rische+natur+&ots=U5s0mGbAMF&sig=BnKq-H49iwB9nuJQ_vnRe-p5rYw#v=onepage&q=fr%C3%B6bel%20sph%C3%A4rische%20natur&f=false

Darüber hinaus trennt den Menschen von anderen Lebewesen sein Bewusstsein, welches er durch seinen selbstbestimmten Beruf erreichen kann, denn der Mensch ist laut Fröbel ein Wesen der Arbeit. „§2 [...] Die besondere Bestimmung, der besondere Beruf des Menschen als vernehmend und vernünftig ist: sein Wesen, sein Göttliches, so Gott, und seine Bestimmung, seinen Beruf selbst sich zum völligen Bewußtsein, zu lebendigen Erkenntnis, zur klaren Einsicht zu bringen und es mit Selbstbestimmung und Freiheit im eigenen Leben auszuüben, wirksam sein zu lassen, kund zu tun.“[11] Denn Arbeit wird hier als Notwendigkeit angesehen, damit der Mensch sich selbstverwirklichen kann. Des Weiteren verkörpert der Mensch die gesamte Menschheit und somit Gottheit, allerdings jeder auf eine eigentümlichen, individuellen Art. „§ 16 Und es ist die Aufgabe des Menschen, diese Menschheit in sich in vorbildhafter Weise zu verkörpern.“[12]

3.2 Fröbels Menschenbild des Kindes

Friedrich Fröbel sieht das Kind, als ein ideales, unverdorbenes, reines und von Natur aus gutes Wesen. So betont Fröbel diesbezüglich, dass Kinder keine bösartigen Wesen sind, falls sie mal nicht adäquat und stattdessen mit *freigelassener Lebenslust* agieren. Kinder können jedoch von ihrem ursprünglich guten Ziel durch Störfaktoren abgelenkt werden, wenn beispielsweise die angelegte Entwicklung nicht zur Entfaltung kommt.[13]

„§53 [...] Leider gibt es auch noch solche Unglückmenschen unter den Erziehern; sie sehen immer nur an den Kindern und Knaben kleine boshafte, tückische, lauernde Teufelchen, wo andere höchstens einen zu weit getriebenen Scherz oder die Wirkung einer zu sehr freigelassenen Lebenslust erblicken. [...]“[14]

Fröbel vergleicht das Kind mit einer Pflanze, die man in Ruhe, ohne sie zu stören, wachsen und gedeihen lassen soll. Somit sollte sich der Erzieher eher nachgehend und nicht bestimmend verhalten, um die Entwicklung nicht zu stören. „§8 [...] Pflanzen und Tieren, jungen Pflanzen und jungen Tieren geben wir Raum und Zeit, wissend, daß sie sich dann den in ihnen, in jedem Einzelnen wirkenden Gesätzen gemäß schön entfalten und gut wachsen; jungen Tieren und jungen Pflanzen läßt man Ruhe und such gewaltsam eingreifende Einwirkungen auf sie zu vermeiden, wissend, daß das Gegenteil ihre reine Entfaltung und gesunde Entwicklung störe; [...]. “[15]

---

[11] Fröbel, Friedrich: Die Menschenerziehung, Stuttgart 1982, S.8
[12] Ebd. S. 18
[13] Vgl. Bollnow, Otto Friedrich: Die Pädagogik der deutschen Romantik, Stuttgart 1952, S. 142
[14] Fröbel, Friedrich: Die Menschenerziehung, Stuttgart 1982, S. 75
[15] Ebd. S.11

Der Mensch durchläuft auf seinem Weg zum Erwachsenwerden in seinem Leben mehrere Stufen. Jede Stufe soll intensiv durchlebt werden, ohne mit dem Hintergedanken möglichst schnell erwachsen zu werden. Das Kind stellt deshalb keinen kleinen Erwachsenen dar. „Die Erreichung der jeweils nächsthöheren Stufe ist an die volle Erfüllung der Vorhergehenden gebunden."[16]

3.2.3 Das Säuglingsalter

Der Mensch auf dieser Stufe nimmt, bessergesagt saugt alle Sinneseindrücke ein, er *s-augt* laut Fröbel und wird deshalb erstmalig tätig. Er ist noch nicht in der Lage sich mitzuteilen und handelt unkontrolliert, so auch in der Mimik, welche sich nach Fröbel ohne seelischen Ausdruck vollzieht. „§ 20 [...] Auf dieser Stufe heißt der werdende erschiene Mensch Säugling und ist es auch im vollen Sinne des Wortes; denn Einsaugen ist nur noch des Kindes fast einzige Tätigkeit (...), und jene genannten Äußerungen: Weinen, Lächeln bleiben noch ganz innerhalb seiner selbst und sind noch eine unmittelbare, ungetrennte Wirkung jener Tätigkeit."[17]

Es ist wichtig, dass ein Kind nichts Schlechtes einsaugt, denn schlechte Sinneneindrücke ziehen sich negativ durch das gesamte Leben.

3.2.4 Das Kindesalter

Auf dieser Stufe entwickelt sich die Sprache des Kindes, was ihm erlaubt Dinge zu benennen und ihnen eine Bedeutung zuzusprechen, um somit die Umwelt zu begreifen. „§ 43 [...] Jede Sache, jeder Gegenstand, jedes Ding wurde gleichsam für das Kind erst durch das Wort; vor dem Wort war es für das Kind, wenn auch das äußere Auge es wahrzunehmen schien, noch gar nicht da; das Wort selbst schuf gleichsam die Sache erst für das Kind; deshalb erschien und war Wort und Sache, wie Mark und Stamm, wie Ast und Zweig so eins. [...]"[18] Die zweite Errungenschaft auf dieser Ebene ist das *Spiel, die Darstellung seines Inneren* und stellt deshalb das optimalste Ziel in diesem Alter dar.[19]

---

[16] Vgl. Bollnow, Otto Friedrich: Die Pädagogik der deutschen Romantik, Stuttgart 1952, S. 147
[17] Fröbel, Friedrich: Die Menschenerziehung, Stuttgart 1982, S. 20
[18] Ebd. S. 56
[19] Vgl. Bollnow, Otto Friedrich: Die Pädagogik der deutschen Romantik, Stuttgart 1952, S. 150

3.2.5 Das Knabenalter

Diese Stufe, ist die Stufe des Lernens (Inneres äußerlich und Äußeres innerlich zu machen). Das Kind erkundet die Welt auf eine andere Weise und erweitert seinen Horizont, indem es beispielsweise auf Bäume klettert, um die Welt aus einer anderen Perspektive zu betrachten. „§ 48 [...] Das Ersteigen eines neuen Baumes ist für den Knaben zugleich die Entdeckung einer neuen Welt; alles zeigt der Blick von oben doch ganz anders als unsere gewöhnliche zusammenschiebende und verschiebende Seitenansicht; wie liegt da alles so klar unter dem Knaben. [...]"[20] Nach Vollendung dieser Stufe, tritt der Knabe in die Stufe des Mannesalter ein, wo jedoch die Beschreibung Fröbels endet.

4. Fröbels Spieltheorie:

Friedrich Fröbel spricht dem Spiel eine hohe Bedeutung zu, da es für ihn keine Spielerei, sondern eine Darstellung des Inneren im Äußeren ist. Die Phase des Spiels stellt für ihn somit der Ausgangspunkt für das weitere Leben dar, ob es beispielsweise tatenreich oder tatenarm verläuft. „§ 30 Spielen, Spiel ist die höchste Stufe der Kindesentwicklung, der Menschenentwicklung dieser Zeit; denn es ist freitätige Darstellung des Inneren, die Darstellung des Inneren aus Notwendigkeit und Bedürfnis des Inneren selbst, was auch das Wort Spiel selbst sagt. Spiel ist das reinste geistigste Erzeugnis auf dieser Stufe, [...]."[21]

Darüber hinaus sieht Fröbel das Spiel als eine Kraftentwicklung des Kindes, sowohl physisch, wie auch psychisch. Das Spiel fördert die Selbsttätigkeit des Kindes, wodurch das Kind Freude an der Selbstständigkeit erfährt und sich infolgedessen besser kennenlernt. Das Spiel kann folglich als Vorspiel des menschlichen Lebens angesehen werden, da das Kind durch Spielereien die Welt entdeckt. Allerdings gewinnt das Spiel auch an symbolischer Bedeutung, wie man an dem Beispiel des „Eisgleitens" nach Fröbel erkennen kann, denn beim Eisgleiten fährt man geradlinig geradeaus an das gesetzte Ziel, was wiederrum die dazugewonnene Zielstrebigkeit des Kindes verkörpert.[22] Um das Spiel zu fördern entwickelte Fröbel die Spielgaben und wollte folglich anhand seiner Spielmittel den Kindern ein angemessenes Material, entsprechend ihrer Entwicklung geben. Fröbel

---

[20] Fröbel, Friedrich: Die Menschenerziehung, Stuttgart 1982, S. 63
[21] Fröbel, Friedrich: Die Menschenerziehung, Stuttgart 1982, S. 36
[22] Vgl. Bollnow, Otto Friedrich: Die Pädagogik der deutschen Romantik, Stuttgart 1952, S. 183

gliederte die Spielgaben in drei Darstellungsweisen, zum einen in die Lebens- und Schönheits- und zu anderen in die Erkenntnisformen. Die Lebensformen stehen am Anfang der kindlichen Spieltätigkeit und bezeichnen das freie Spiel, in dem das Kind Bausteine wahllos nebeneinander legt, wohingegen die Schönheitsform aus symmetrischen Figuren besteht und sich infolgedessen die Präzision des Kindes entwickeln kann. Die Erkenntnisformen stellen die mathematischen Grundformen des kindlichen Spiels dar, da geviertelte und halbierte Bauklötze zum Zählen und mathematischen Grundverständnis anregen. Diese Gaben schaffen Vertrautheit mit den Naturgesetzen und fördern darüber hinaus die sensorischen, emotionalen und kreativen Fähigkeiten. Von Gabe zu Gabe wird die Zusammensetzung anspruchsvoller, wobei sich jede Gabe aus der Vorangegangen ergibt, wodurch das Kind befähigt wird eigenständig zu lernen und zu handeln.

4.1 Die erste Gabe:

Die erste Gabe enthält sechs Bällchen insgesamt, die an einem Band befestigt sind und die Farben des Regenbogens tragen und gerade so groß sind, dass sie eine Kinderhand umfassen kann. Der Ball besitzt für Fröbel eine vollendete Gestalt, weshalb die Spieltätigkeit auch mit dem Vollkommensten und dennoch so einfachen Gegenständen beginnen soll.[23] Durch das Spiel „Greifen und Loslassen" erfährt das Kind den Ball als einen ihm gegenüberstehenden Gegenstand, woraus wiederum die Urpolarität aus „Selbst" und „Gegenstand", beziehungsweise ebenfalls das Grundproblem der „Lebenseinigung", aus Trennung und Wiedervereinigung resultiert.[24]

4.2 Die zweite Gabe:

Die zweite Gabe baut auf der vorangegangen ersten Gabe auf und der weiche Ball steigert sich somit zu einer harten Kugel, worauf eine Walze und ein Würfel folgt. Friedrich Fröbel wählt diese unterschiedlichen Objekte bewusst aus, um dem Kind die *polaren Verhältnisse* von standfesten Würfel und einer beweglichen Kugel zu verdeutlichen.[25]
Außerdem möchte Fröbel das Kind zu der Erkenntnis bringen, dass aus einem rotierenden Würfel eine Walze erkennbar wird, und folglich ein Zusammenhang zwischen Kugel und Würfel herrscht.[26]

---

[23] Vgl. Bollnow, Otto Friedrich: Die Pädagogik der deutschen Romantik, Stuttgart 1952, S. 190
[24] Vgl. Ebd. S. 191
[25] Vgl. Ebd. S. 193
[26] Vgl. Fröbel, Friedrich: Bd. 4 Die Spielgaben, Stuttgart, 1982, S. 105

4.3 Die dritte und vierte Gabe:

Fröbels dritte Spielgabe, wie auch die Vierte, entspricht der zuvor genannten Lebensform und stellt einen Würfel dar, der in acht gleichgroße Würfel zerteilt ist, was dazu dient, dem Kind den Aufbau und die Symmetrie dessen begreiflich zu machen und ihm darüber hinaus die mathematischen Gesetzmäßigkeiten näher zu bringen. Die Gliederung des Würfels in seine acht Bestandteile hat den Zweck, dass das Kind mit diesen Einzelteilen Gegenstände des alltäglichen und praktischen Lebens, wie beispielsweise eine Mauer, Brücke oder Kirche nachbauen kann.[27] Beim Umgang mit dieser Spielgabe legt Fröbel viel Wert darauf, dass sich das Kind bewusst macht, dass alle seine Gebilde aus einem ursprünglichen Würfel entstehen, dabei ist es wichtig, dass Kind alle Bestandteile beim Bau eines Gegenstandes verwendet. Außerdem sieht Fröbel vor, dass jedes vom Kind erbrachte Werk mit einem Namen versehen wird, um sich dessen Bedeutung einzuprägen. Bei der dritten und vierten Spielgabe kommen somit Lebens- Schönheits- und Erkenntnisformen zum Einsatz. Zuerst setzt das Kind im freien Spiel die Bausteine wahllos aneinander was die Lebensform ausmacht, darauf folgt die Schönheitsform, das Kind erbaut infolgedessen symmetrische Gebilde und zu guter Letzt folgt die Erkenntnisform, in der das Kind das Zählen übt und Größenverhältnisse durch das Unterscheiden von Vierteln und Hälften erlernt.[28]

4.4 Die fünfte und sechste Gabe:

Die fünfte Gabe besteht aus siebenundzwanzig Teilelementen, davon wurden sechs Halbwürfel und zwölf Viertelwürfel diagonal geteilt.[29] Die sechste Gabe ähnelt der Fünften, allerdings entstehen durch Längsteilung sechs Quader in Säulenform und durch Querteilung zwölf halbe Bauklötze, gleichzeitig soll das Kind erkennen, wie sich die einzelnen Elemente zum Ganzen fügen und wie aus dem Ganzen eine Vielfalt hervorgeht. Es sind entsprechende Kästchen zur Wiedereinordnung vorhanden, damit das Kind zu diesem Zeitpunkt bereits Ordnung lernt.[30] Diese Gabe wird besonders gekennzeichnet durch außerordentlich viele Möglichkeiten diese zu verwenden, womit das Kind sogar

---

[27] Vgl. Bollnow, Otto Friedrich: Die Pädagogik der deutschen Romantik, Stuttgart 1952, S. 195

[28] Vgl. Ebd. S.196
[29] Vgl. http://xn--frbelmaus-17a.com/html/frobelgaben.html
[30] Vgl. http://www.sina-spielzeug.de/spielzeug_froebel_gaben.php

kleine Dörfer nachbauen könnte. Um klare mentale Fortschritte machen zu können, ist es wichtig für das Kind das Spiel zu vollenden. Um dies durchzusetzen tritt ein sogenannter „Spielführer" in Aktion, der das Spiel bis zur Vollendung betreut. Jedoch werden diesbezüglich keine Anweisungen oder Vorschriften vorgegeben, sondern lediglich Anleitungen in abgeschwächter Form.[31]

4.5 Weitere Spiele

Zu diesen Gaben fügte Fröbel noch die Beschäftigungsmittel und die Bewegungsspiele hinzu, welche die Konzentration des Kindes steigern. Die Beschäftigungsmittel werden unterschieden in „teilweise vorgeformtes" Material und „formloses Material". Bei dem vorgeformten Material wird von einer Fläche ausgegangen, auf der ein Körper, durch beispielsweise flechten, kleben, falten, aufgebaut wird. Formloses Material bezeichnet unteranderem Ton oder Knete, was nach Belieben des Kindes bearbeitet werden kann. Die Bewegungsspiele hingegen beinhalten imitierende Spiele, in dem zum Beispiel Tiere nachgeahmt werden, oder Wettrennen, die folglich die Tüchtigkeit, Ausdauer und den Gemeinschaftssinn des Kindes stärken.[32] „§ 30 Ein Kind, welches tüchtig, selbsttätig, still, ausdauernd bis zur körperlichen Ermüdung spielt, wird gewiss auch ein tüchtiger, stiller, ausdauernder, Fremd- und Eigenwohl mit Aufopferung befördernder Mensch."[33]

4.6 Mutter- und Koselieder:

Fröbel erkannte, dass es, noch bevor das Kind mit Spielzeug umgehen kann, eine noch frühere Phase gibt, in der das Kind schon durch simple Spielereien seine Umgebung und seine Sinne erforscht. Die Mutter zeichnet sich in diesem frühen Stadium des Kindes als alleinige Erzieherin aus, was einer ganz speziellen Bindung zwischen Mutter und Kind bedarf. Hierzu sind die Mutter- und Koselieder dienlich.[34] Die Lieder enthalten Texte, welche dem Kind eine Weltanschauung offenbaren und wodurch ebenfalls seine motorischen Fähigkeiten, durch Stimulation geübt werden, denn zu jedem Lied gibt es eine Anleitung für ein passendes Hand- und Fingerspiel. Darüber hinaus ist die Bedeutung der jeweiligen Lieder für die Mutter hinzugefügt worden, damit sie den pädagogischen Wert dessen erfährt.

---

[31] Vgl. Bollnow, Otto Friedrich: Die Pädagogik der deutschen Romantik, Stuttgart 1952, S. 198
[32] Vgl. Bollnow, Otto Friedrich: Die Pädagogik der deutschen Romantik, Stuttgart 1952, S. 176
[33] Fröbel, Friedrich: Die Menschenerziehung, Stuttgart 1982, S. 36
[34] Vgl. Bollnow, Otto Friedrich: Die Pädagogik der deutschen Romantik, Stuttgart 1952, S. 210/211

5. Der Kindergarten

Der Begriff „Kindergarten" stammt von den, von Fröbel abgeleiteten Worten, „Gottes Garten" ab, denn er vergleicht Kinder mit einer heranwachsenden Pflanze in einem paradiesischen Garten. Im Kindergarten finden Fröbels Ideen ihre Umsetzung, Kinder in einem gutgeschützten Rahmen zu erziehen, da Fröbel die Familienerzeihung zu seiner Zeit als ergänzungswürdig ansah, weshalb er zu diesem Zweck spezielles Personal ausgebildete, um die Familien adäquat zu unterstützen. Der Kindergarten erweist allerdings auch als Treffpunkt für die Mütter, um zum einen den Ausdruck einer Familien- und Kinderstube zu wahren und zum anderen da sie sich belehrend auf die Kindergärtnerinnen , aufgrund ihrer natürlichen und völlig selbstverständlichen Art mit den Kinder umzugehen, auswirken.[35] Somit war es nicht Fröbels Intention einen Ort zu erschaffen, um Kinder nach seinem Maße umzuerziehen, sondern er wollte den Eltern vielmehr eine Gelegenheit geben sich dialogisch mit den Erziehern auseinanderzusetzen, um sich gegenseitig eines Besseren zu belehren, um den Kindern eine bestmögliche, individuelle Erziehung bieten zu können. „In dem Kindergarten und durch denselben werden also die Kinder keineswegs der Familie und den Gliedern derselben entfremdet, sondern wie sich die Eltern dadurch zur wahrhaften Kinderbeachtung und Pflege hingeleitet fühlen, so werden die Kinder besonders der höheren Liebe zu der eigenen Familie, namentlich zu den Eltern, entgegen erzogen, [...].“[36] 1840 gründete Fröbel folglich den ersten „allgemeinen deutschen Kindergarten" unter der Vorstellung Kinder in ihrer psychischen und physischen Entwicklung in Form des Spiels zu begleiten und zu beaufsichtigen. Gefördert wird die Entwicklung der Kinder durch die Schwerpunkte der zuvor genannten Spielmaterialen, wie der Beschäftigungsmittel und Bewegungsspiele. Allerdings kommen im Kindergarten noch die Aktivitäten im Garten hinzu, da Naturerfahrungen Friedrich Fröbels eigene Kindheit prägten und er deshalb vermutlich die Erziehung von Kindern im Einklang mit der Natur für signifikant hielt. Infolgedessen erhält jedes Kind ein eigenes Beet, welches es hegen und pflegen kann, womit es daraufhin lernt abzuschätzen, inwiefern das eigene Handeln Konsequenzen, in Bezug auf die Pflanzen und metaphorisch auf das Leben, trägt.[37] Darüber hinaus wird demzufolge die Naturverbundenheit des Kindes gestärkt und es lernt eigenständig zu arbeiten und seine eigene Arbeit dadurch zu schätzen, so wird Verantwortung für ein Stück Natur erlebt und das ohne Anweisung von außen. Darum ist

---

[35] Vgl. Fröbel, Friedrich: Die Spielgaben, Stuttgart 1982, S. 195
[36] Ebd. S. 195
[37] Vgl.
http://www.unikoblenz.de/~gpstein/old/archiv/ws04_05/1.1.49_anschlussfaehige_prozesse/froebel_kiga.pdf

die Aufgabe der Erzieherinnen hierbei, die Selbsttätigkeit der Kinder zu fördern, um eine *segenreiche Kinderpflege* bieten zu können, jedoch gehört dazu eine dementsprechend angemessene Ausbildung der Erzieherinnen. Der Unterricht der Ausbildung wird in drei Teile aufgeteilt. Im ersten Teil werden die Erzieherinnen theoretische von einem anerkannten, erziehenden Lehrer, im Hinblick auf das Wesen des Menschen, die Natur des Kindes, die Entwicklung des Menschen und korrekter Einsatz von Bildungsmitteln, sowie die Erziehung und Bildung von Kindern zur Gotteinigkeit, geschult. Für die anatomischen Kenntnisse und Gesundheitszustände des Kindes wird ein Arzt vorgesehen, der die Erzieherinnen fachgerecht belehrt. Auch um eine musikalische Ausbildung der Kindergärtnerinnen wird sich seitens erziehender Musiker bemüht, denn Musik, einfacher, natürlicher Gesang, dient laut Fröbel der *Pflege eines reinen edlen Gemüts.*[38] Die wirtschaftliche und häusliche Ausbildung der Kinderpflegerinnen sollte möglichst vorhanden sein, ist sie es nicht, können die Kinderpfleginnen unter Obhut des verehrlichen Frauenvereins in der häuslichen Einrichtung der Anstalt Vorausgesetztes erlernen.[39]

Der zweite der Ausbildung dient dem praktischen Umgang mit Bildungsmitteln, worauf der dritte Teil der Ausbildung aufbaut, denn dort wird das Erlernte im Umgang mit Kindern umgesetzt. Jedoch sollten Erzieherinnen für den Beruf als Kindergärtnerin gewisse Eigenschaften mitbringen, denn diese sollten Respekt vor der kindlichen Autonomie und deren Menschenwürde haben, um sich auf eine horizontale Ebene mit dem Kind zu begeben. Darüber hinaus sollten sie in der Lage sein die Welt aus Kinderaugen zu sehen und außerdem Anteilnahme am kindlichen Leben haben, um Kinder auch auf die „kleinen Dinge der Welt" hinweisen zu können, was wiederrum die Selbsttätigkeit und Aufmerksamkeit des Kindes anregt. Dies geschieht allerdings nur, wenn die Erzieherin fähig ist sich an die eigene Kindheit zurückzuerinnern.[40] Zusammengefasst stellt der Kindergarten einen Ort für Kinder dar, der ein vollkommenes Familienleben präsentiert, für Zeiten an denen die Eltern, aufgrund von *häuslichen Berufen, Geschäften der Familie und die Verhältnisse des Lebens*, nicht in der Lage sind ihren Kindern die nötige sorgsame Pflege zu geben. „Der Kindergarten mit seinen Kinderspielen und Kinderleben ist also bloß ein erweitertes, in sich nach Weg, Mittel und Zweck Bewußteres, darum in einer gewissen Beziehung vollkommeneres, mindestens vervollständigtes und klar ausgebildetes Familienleben."[41] Die Familie und der Kindergarten dienen sich somit im Wechselspiel, in Form von Dialogen, als Vorbild und ergänzen sich folglich.

---

[38] Fröbel, Friedrich: Die Spielgaben, Stuttgart 1982, S. 198
[39] Ebd. S. 199
[40] Vgl. Ebd., S. 197
[41] Ebd. S. 209

6. Aktualität

Auch heute findet die Pädagogik Fröbels noch großes Ansehen und ist nach wie vor ausgesprochen aktuell, wie man an der Umsetzung vieler Kindergärten, Schulen und anderen Institutionen erkennen kann. Schulen die nach Friedrich Fröbels Prinzip verfahren, vertreten die Auffassung, dass das Kind ein aktives und selbstständiges Wesen ist, weshalb diese Institutionen versuchen die Naturverbundenheit zu wahren und somit die Selbsttätigkeit der Kinder zu fördern und zu unterstützen. Deshalb steht bei den meisten Friedrich-Fröbel-Schulen die leitende Idee im Fokus, die Kinder positiv zu ermutigen und zur Eigeninitiative zu bewegen.[42] Bei den Fröbel Kindergärten hingegen steht das Spiel im Mittelpunkt und es wird möglichst genau nach der Theorie Fröbels verfahren, denn diese Kindergärten sehen das Spiel als „Schlüssel zur Außenwelt" und zugleich das „Mittel zum Wecken der Innenwelt".[43] Darüber hinaus spielen auch, wie in der Fröbelschen Theorie, die drei zuvor genannten Schwerpunkte, nämlich die Spielmaterialien (oder auch Gaben), die Bewegungsspiele und die Gartenpflege eine herausragende Rolle im Fröbel Kindergarten. Für diesen Kindergarten ist es wichtig, dass das Kind aufgrund der Fülle an Spielzeug nicht reizüberflutet wird und setzt dabei auf die schlichten Spielgaben.

Aber auch die zwischenmenschlichen Beziehungen, sowohl zwischen Erzieherinnen und Eltern, als auch zwischen Eltern und Kindern und Erzieherinnen und Kindern werden durch Elternabende oder Mutter-Kind-Gruppen gefördert.[44]Als weitere Institution existiert die Fröbel-Gruppe. Diese Gruppe setzt ihre Tätigkeitsschwerpunkte auf Kindergärten, Krippen und Horte, Projektrealisierung zur Vereinbarkeit von Familie und Beruf, Erziehungs- und Familienberatung, Sozialpädagogische Familienhilfe, sowie Kinderheim und Jugendfreizeittreff und hat ihre Standorte in ganz Deutschland, wie Berlin, Potsdam, Cottbus, Leipzig, Hamburg und Köln, aber sogar in Sydney/Australien.

Darüber hinaus kooperiert diese Institution mit verschiedensten Unternehmen, wie Daimler, N24, Deutsche Bank, Vattenfall Europe, KPMG AG Wirtschaftsprüfungsgesellschaft, Galeria Kaufhof und viele weitere namenhafte Unternehmen, um diese zu familienfreundlichen Unternehmen zu gestalten, wie durch die Integration von betriebsinternen Kindergärten.[45]

---

[42] http://www.ffs-vhm.de/images/pdf/info%20blatt%203.pdf
[43] http://www.thueringer-kindergartenportal.de/index.php?id=froebel-paedagogik
[44] Vgl. ://www.thueringer-kindergartenportal.de/index.php?id=froebel-paedagogik
[45] Vgl. http://www.froebel-gruppe.de/index.php?id=froebel

7. Fazit

Besonders herausragend an Fröbels Pädagogik ist meiner Meinung nach, die Tatsache, dass er eine vor allem altersgerechte Erziehung für die Kinder ins Leben gerufen hat. Er hat bedacht, dass Kinder nach wie vor Kinder und keine kleinen Erwachsenen sind, da gerade der richtige Umgang in der Kindheit, ausschlaggebend und prägend für den gesamten Lebenslauf des Menschen ist, weswegen ich besonders den Vergleich zur Pflanzenwelt brillant und am treffendsten finde. §8 „[...] Pflanzen und Tieren, jungen Pflanzen und jungen Tieren geben wir Raum und Zeit, wissend, daß sie sich dann den in ihnen, in jedem Einzelnen wirkenden Gesätzen gemäß schön entfalten und gut wachsen; jungen Tieren und jungen Pflanzen läßt man Ruhe und such gewaltsam eingreifende Einwirkungen auf sie zu vermeiden, wissend, daß das Gegenteil ihre reine Entfaltung und gesunde Entwicklung störe; [...].[46] Es geht also nicht darum, das Kind zu einer äußeren Funktionalität hin zu erziehen, sondern es geht eher um die Entfaltung und die Realisierung der inneren Eigenschaften und Fähigkeiten des Kindes.

Außerdem bin ich der Überzeugung, dass Fröbels Pädagogik bis ins kleinste Detail durchdacht ist und nach einer vollendeten Erziehung strebt, so finde ich die Ausbildung der Erzieherinnen sehr ausgereift, da er nahezu alles bedacht hat, sowohl beispielsweise anatomische, als auch anthropologische Hintergründe des Menschen. Insbesondere finde es überragend, dass Fröbel ohne moderne wissenschaftliche Methoden, durch bloße Beobachtung spielender Kinder, Spielmaterialien entwickelte, die bis heute an Aktualität nicht verloren haben und setzt somit vielmehr auf Schlichtheit und Klarheit, was meiner Meinung nach, die kindliche Kreativität bedeutend mehr anregt, als der mediale Überfluss, der einem Kind heute vorgelebt wird. Auch die Verbindung zur Natur ist im kindlichen Alter sehr wichtig, wodurch die Sinne durch beispielsweise natürliche Gerüche und körperliche Ertüchtigung viel mehr angeregt werden, als durch das Sitzen vorm Fernseher. Auch das industrielle, in Massen hergestellte, Plastikspielzeug ist nicht gleichzusetzen mit schlichten klar definierten Bauklötzen, denn in diese kann das Kind seine gesamte kindliche Spielwelt hineininterpretieren, was bei dem bunten reizüberflutenden Spielzeug meist schon vorgegeben ist.

---

[46] Fröbel, Friedrich: Die Menschenerziehung, Stuttgart 1982, S.11

Literaturverzeichnis

Literaturverzeichnis

Bollnow, Otto Friedrich: Die Pädagogik der deutschen Romantik, Stuttgart 1952

Fröbel, Friedrich: Die Menschenerziehung, Stuttgart 1982

Fröbel, Friedrich: Bd. 4 Die Spielgaben, Stuttgart 1982

Fröbel-Gruppe: http://www.froebel-gruppe.de/index.php?id=froebel [Zugriff am 25.03.11]

Fröbelmaus: http://xn--frbelmaus-17a.com/html/frobelgaben.html [Zugriff am 12.03.11]

Friedrich-Fröbel-Schule: http://www.ffs-vhm.de/images/pdf/info%20blatt%203.pdf [Zugriff am 23.03.11]

Google Books:
http://books.google.de/books?hl=de&lr=&id=PeJaUz6gXTgC&oi=fnd&pg=PA2&dq=fr%C3%B6bel+sph%C3%A4rische+natur+&ots=U5s0mGbAMF&sig=BnKq-H49iwB9nuJQ_vnRe-p5rYw#v=onepage&q=fr%C3%B6bel%20sph%C3%A4rische%20natur&f=false [Zugriff am 10.03.11]

Heinz, Ulla: http://www.religio.de/froebel/biograf/frheinz.html [Zugriff am 07.03.11]

SINA Spielzeug GmbH: http://www.sina-spielzeug.de/spielzeug_froebel_gaben.php [Zugriff am 12.03.11]

Thüringer Kindergarten: http://www.thueringer-kindergartenportal.de/index.php?id=froebel-paedagogik [Zugriff am 24.03.11]

Uni Koblenz:
http://www.unikoblenz.de/~gpstein/old/archiv/ws04_05/1.1.49_anschlussfaehige_prozesse/froebel_kiga.pdf [Zugriff am 02.03.11]

Wissen Media Verlag:

http://www.wissen.de/wde/generator/wissen/ressorts/natur/weltraum/index,page=1245182.
html [Zugriff am 10.03.11]